논리력이 좋아지는 스도쿠
PUZZLES

자 ㅇ 태 ㅐ ㅇ ㅝ ㄴ

머리말

샬롬!

세계는 지금 재미와 두뇌 계발을 동시에 만족 시키는 SUDOKU 열풍에 빠져 있습니다.
전철 안에서, 가정의 거실에서, 심지어 수업시간 교실에서까지도.

이때, 번쩍 떠오르는 생각!
신앙으로 연결시켜 주자!
BIBLE SUDOKU를 만들자!

이 책의 특징은 1단계, 2단계, 3단계로 나눠 단계적으로 풀 수 있게 했습니다.
재미있게 풀다보면 두뇌계발은 물론 신앙의 확신까지 이르게 구성하였습니다.
재미와 두뇌계발과 신앙, 세 마리의 토끼를 다 잡으시길 원하며…

2007년 가을
장 태 원 목사 드림

1. BIBLE SUDOKU 규칙

① 가로의 아홉 줄에 1~9까지의 숫자, 또는 아홉 글자로 된 문장을 겹치지 않게 한 번씩만 사용하여 넣는다.

② 세로의 아홉 줄에도 역시 1~9까지의 숫자, 또는 아홉 글자로 된 문장을 겹치지 않게 한 번씩만 사용하여 넣는다.

③ 3×3 박스에도 역시 1~9까지의 숫자, 또는 아홉 글자로 된 문장을 겹치지 않게 한 번씩만 사용하여 넣는다.

2. BIBLE SUDOKU를 잘 하려면?

① 우선 3×3 박스를 가로로 3쌍(9×3 박스가 됨)을 보고 문제를 해결

② 다음에는 세로로 3×9 박스를 보며 문제를 해결

③ 가로나 세로의 각 아홉 줄씩, 3×3 박스에서 문제를 해결하면 된다.

④ 잘 안될 땐 잠시 쉬었다가 풀면 더 잘 풀린다.

⑤ 한꺼번에 욕심 내지 말고 하루에 3~4개씩만 풀자!

3. BIBLE SUDOKU 내용

① 1 2 3 4 5 6 7 8 9
② 하나님은 사랑이시라
③ 예수님은 나의 구주!
④ 쉬지 말고 기도하라!
⑤ 내가 주님 사랑합니다
⑥ 항상 기뻐해야 합니다
⑦ 부활 승천하신 예수님
⑧ 예수 믿고 온가족 구원
⑨ L I G H T Ⓢ Ⓐ Ⓛ Ⓣ
⑩ GOD IS L Ø VE

1단계: 1~9까지 숫자넣기

NO. 1

9	3	4			8		5	
	6		5					2
1	2	5		6	7	8		
5	8	6	4			2		
7	1			5			6	8
		9			6	5	1	3
		8	7	1		3	2	4
3							7	
	7		2		3	6	8	5

날짜 : _____   시간 : _____

1단계: 1~9까지 숫자넣기

NO. 2

	5	2		3		6	4	
9		4		1	6			
3	6	1			7	9	8	5
8	4		3	7			5	
	7						3	
	2			8	4		9	7
2	1	8	7			5	6	9
			8	6		7		3
	3	7		9		8	2	

날짜 : _____   시간 : _____

1단계: 1~9까지 숫자넣기

NO. 3

5		6			2	1		7
			3	8		5		4
1	8	4			5		9	
8					3	6		9
7		3		4		2		1
4		9	2					3
	7		8			9	3	5
3		2		6	9			
9		8	1			4		6

날짜 : _____   시간 : _____

1단계: 1~9까지 숫자넣기

NO. 4

		5	6				7	
			8	1	4		6	
	4	6		5		2		3
3	1	9		6		5	8	
7		2				3		6
	5	4		7		1	2	9
5		1		3		8	9	
	2		9	8	5			
	3				6	7		

날짜 : _____   시간 : _____

1단계: 하나님은 사랑이시라

NO. 5

시	이	님			랑		
			나		님	시	이
은			시	랑		라	
하		시		은		님	나
사		이	랑		나	하		라
	은	라		하		이		랑
		은		이	랑			하
	라	나	은		하			
		하				은	님	이

1단계: 하나님은 사랑이시라

NO. 6

나		이		은	랑			
		은			하	이		랑
랑	사	하			시	라		은
	랑	나	님		은	시	라	
	은		시		사		하	
	이	시	하		라	나	은	
은		사	랑			님	시	하
라		랑	은			사		
			사	시		은		라

날짜 : _____   시간 : _____

1단계: 하나님은 사랑이시라

NO. 7

	은	님				이		
하		이	사	은		시		
	사			이		랑		라
			은	랑		님	이	시
님		은	라		이	하		나
나	이	랑		시	님			
랑		하		님			시	
		사		하	랑	나		이
		시				사	하	

날짜 : _____   시간 : _____

1단계: 하나님은 사랑이시라

NO. 8

	사	이	하			라		은
라	님				사	하		나
하			님	은		랑		사
	라			나			하	이
이		랑	사		님			
	하			라		님	은	
		님			하	시		라
시				랑	은	이		님
		라	이	님		은	나	하

날짜 : _____   시간 : _____

1단계: 예수님은 나의 구주!

NO. 9

나				!	은	님		
은		!	님	주	구	예		
님			나		수			
주			수		의	!	은	
	나						수	
	은	의	구		!			나
			의		님			은
		은	!	예	나	수		의
		님	은	구				예

날짜 : _____ 시간 : _____

1단계: 예수님은 나의 구주!

NO. 10

	구	님		수				나
예			구	은	주			
	의	수				은		
!			예	주		님	은	의
		은	의		구	나		
의	예	나		!	은			주
		의				주	님	
			은	예	님			수
수			주			!	구	

날짜 : _____   시간 : _____

1단계: 예수님은 나의 구주!

NO. 11

구	나			님	!	은	수	예
	은	주	의		구		!	
				예		구		
			수	나	의	님		은
나	의						구	수
은		님	구	주	예			
		은		구				
	구		예		주	수	은	
!	예	수	님	은			주	구

날짜 : _____   시간 : _____

1단계: 예수님은 나의 구주!

NO. 12

예	!	주			은	구		
			예	의	님			주
	의					수		
수		!	님	예	은	의		구
구	주						수	나
의	은	님	나	수		주		!
		의					주	
나			구	주				
		수	님			의	구	은

날짜 : _____   시간 : _____

1단계: 쉬지 말고 기도하라!

NO. 13

			말	라		도	쉬	!
	라	고		!				
		도	하	지	쉬	기	고	
하	고	라		말			!	기
		말	!					
	쉬		고	하	라	말		
도	기	!	쉬				라	하
	말		라	기				
	하	쉬				고	기	말

날짜 : _____   시간 : _____

1단계: 쉬지 말고 기도하라!

NO. 14

	!		지		고			
	고	지	기	쉬			라	
말	하		라		!	쉬		
	쉬		!					말
라		말	쉬		도	하		지
고					말		쉬	
		하	말		지		고	쉬
				!	기	도	하	
!			도		쉬		말	

날짜 : _____   시간 : _____

1단계: 쉬지 말고 기도하라!

NO. 15

	!	하	지				고	도
	라	지			고		!	
	기			말		하	지	
지	하			도				고
도			라		!		말	하
라				지			쉬	!
	도	쉬		라			기	
	지		말			쉬	하	
기	말				쉬	고	도	

날짜 : _____   시간 : _____

1단계: 쉬지 말고 기도하라!

NO. 16

	쉬			지		고	기	도
지				기	도		!	라
고		도				지		하
하		라		!		말		
		쉬	라		지	하		기
		말		도		라		!
말		기				!		고
!	하		말	쉬				지
쉬	라	지		고				

날짜 : _____   시간 : _____

1단계: 내가 주님 사랑합니다

NO. 17

다		합					사	
	랑	니		가			내	
	님	사	니	다	랑			주
가		님			합	내		랑
	니			내		합		사
합			랑		주	니		다
님	합	다	주	랑				
	내		님	사		주	랑	
			가		니			

날짜 : _____   시간 : _____

1단계: 내가 주님 사랑합니다

NO. 18

내			다			랑		니
님	합	니			내		사	
사	랑	다			니	님		가
	다	사					주	
	주			니		가		님
			내	다			랑	합
가			주	내	합	다		랑
			랑	가	다			
		랑			사	합		주

날짜 : _____   시간 : _____

1단계: 내가 주님 사랑합니다

NO. 19

	사		님		다	내		주
	내			니		합		님
	합	다				사	랑	
	니	님	가	다		랑		사
사					합			
	랑	주	니	사		가		내
				주			니	가
	주			내		님		랑
니		랑		님	가	주		합

날짜 : _____   시간 : _____

1단계: 내가 주님 사랑합니다

NO. 20

랑	다					가	합	
주		사		가	합	내		다
			주	랑		님	니	사
	니	님				사		
내		랑	가		니			
			사	다				랑
	합		님			랑	주	내
니	내		합		랑	다		가
님					주		사	니

날짜 : _____   시간 : _____

1단계: 항상 기뻐해야 합니다

NO. 21

	항		합			해		상
해	니				항	야		
다				해	상		뻐	니
상	합	항			기	뻐		해
		해	항					다
뻐			야	상	해	합		항
니	뻐				합	기	해	
합					다			뻐
				니		다		합

날짜 : _____   시간 : _____

1단계: 항상 기뻐해야 합니다

NO. 22

합	항	뻐	상		니	야		해
	상			야	합		뻐	
	기		뻐		다			상
		니		상		다		
항					해	니		기
기			야		항			
	니		다			상		뻐
	다			합		해	기	
상	야	합	해		기	항		다

날짜 : _____   시간 : _____

1단계: 항상 기뻐해야 합니다

NO. 23

해	니							합
뻐				기	해		상	다
	상	기	니	다				야
기	해		합	항		상	뻐	니
합					상			
	항	상		해	야	합	다	기
	뻐	항	상	야				
						항	야	니
	합			뻐	기			다

날짜 : _____   시간 : _____

1단계: 항상 기뻐해야 합니다

NO. 24

뻐	니		상				항	
야		항	니	합	뻐			
상		합			해	뻐		
합			다				해	항
	상	야			니	다	합	
기	항				합			뻐
	기	뻐	합			해		야
			뻐	다	야	니		상
	야				기		뻐	합

날짜 : _____   시간 : _____

1단계: 부활 승천하신 예수님

NO. 25

	천		예				님	
	하		활	승	부	수	예	천
활				님	부	승		
		천	부				수	신
예			수		천			부
	활			신	하	님		
	부	하	님					승
수	신	활	하	예	승		부	
	예			신		하		

날짜 : _____   시간 : _____

1단계: 부활 승천하신 예수님

NO. 26

		예	수	신	천			하
천		하				부	수	
활			부		승	님		
예	활	부		천	수	하		
		승		예		천		
		님	승	활		예	신	수
		활	하		님			부
	하	수			신	활		
승			활		예	신		님

날짜 : _____ 시간 : _____

1단계: 부활 승천하신 예수님

NO. 27

활		수	신				님	예
					승	신	활	하
신	승	예	하			천		
부		승		활			신	
		하		천		부		
님	천			예				승
		활	천		부		수	신
하	신	부	수			님		
예	수				님	하		부

날짜 : _____   시간 : _____

1단계: 부활 승천하신 예수님

NO. 28

	신	수			활	천		하
			신	승	하		부	님
하	님		예	수	천			활
	예		하			부		
	승			예			활	
		하			승		님	
님			천	활	수			예
천	활		승	하	신			
수		신	부				천	

날짜 : _____   시간 : _____

1단계: 예수 믿고 온가족 구원

NO. 29

		온		원		족		예
	수		구	족			고	민
		구	예		민	원		
		가	민	예	원			온
	예	민				수	가	
족			가	수	구	민		
온			족		수	예		
예				고	가		민	
가		족		민		고		구

날짜 : _____   시간 : _____

1단계: 예수 믿고 온가족 구원

NO. 30

수	원			온			고	
	족		수		민	구		원
	민	구		족	고			
	온	족		고	수	민	원	
가		예				고		
	고	민	족	구		온	수	
			고	수		가	예	
		수	온		가		구	
	가			예			민	온

날짜 : _____   시간 : _____

1단계: 예수 믿고 온가족 구원

NO. 31

	가	구					고	예
예			원	수				민
	민	온			고	가	족	
족		고	구				가	온
	원		고		온		예	
온	수				민	고		원
	구		수			족	민	
민				족	구	예		
가	족	수					원	

날짜 : _____   시간 : _____

1단계: 예수 믿고 온가족 구원

NO. 32

		원	고		예		민	수
	구	수	민		원	예		
	온		수	가		족		
온		고	구	민				원
			예		온			족
예				원	수			온
				구	가		수	
족		가	온		민	원	고	
구	예		원		고	가		

날짜 : _____   시간 : _____

1단계: LIGHT SALT

NO. 33

I	Ⓣ	Ⓛ	T	L			G	
L					Ⓢ			
		Ⓢ	Ⓐ		I		H	Ⓣ
Ⓐ		L	G	T	Ⓣ			
	I					Ⓛ	Ⓣ	
			I	Ⓐ	Ⓛ	G		T
Ⓣ		H	L			Ⓢ		
		Ⓢ						I
	Ⓐ			Ⓣ	G	H	T	L

날짜: _____   시간: _____

1단계: LIGHT SALT

NO. 34

			L		H	T		
	L				T	I		Ⓛ
G		H		Ⓛ		Ⓢ		
L	Ⓛ	Ⓐ	Ⓣ			H	T	
Ⓢ		Ⓣ		H		G		L
	G	T			L	Ⓣ	Ⓛ	I
	Ⓢ	G		L		Ⓐ		
Ⓣ		L	Ⓐ				I	
		I	Ⓛ		Ⓣ		Ⓢ	

날짜 : _____   시간 : _____

1단계: LIGHT SALT

NO. 35

		L				Ⓣ		Ⓢ
T				Ⓛ	G		H	
Ⓛ		H	Ⓢ	Ⓣ		G		
	Ⓛ	Ⓛ	Ⓣ				I	
		I	Ⓛ		L	Ⓢ		
Ⓢ	L				H	Ⓛ	Ⓛ	
		Ⓛ		T	Ⓣ	L		G
I	G		H	L				T
		T				H		I

날짜 : _____   시간 : _____

1단계: LIGHT ⓈⒶⓁⓉ

NO. 36

		G		Ⓢ	Ⓐ			Ⓣ
	Ⓐ	Ⓢ	G	Ⓛ		L	T	I
H	Ⓛ		T					
		H	I		Ⓛ	Ⓢ		
I	Ⓢ						L	Ⓐ
		T		L	G	H		
L					Ⓣ		Ⓢ	G
Ⓛ	T	I		G	Ⓢ	Ⓣ	Ⓐ	
			Ⓐ	T			I	H

날짜 : _____   시간 : _____

1단계: GOD IS LOVE

NO. 37

				O	L	G		E
D	G		V		I	O	L	
			S			D		V
E		V	Ø		O	I	S	
				E				
		S	I		V	Ø	E	D
O		L			Ø		G	
	S	G	L		D			Ø
		I	O	V				

날짜 : _____   시간 : _____

1단계: GOD IS LOVE

NO. 38

	V	L		Ø			E	D
D			E		L		O	S
		O			G	L		Ø
		D		G			S	
Ø	I		S		E		L	V
	E		Ø	O		D		
S		E				V	I	
O				I		D		G
I	G			S		E		

날짜 : _____   시간 : _____

1단계: GOD IS LØVE

NO. 39

	S	I	Ø			D		
	D	G		V			Ø	
V	L	Ø		E		I		
Ø	G						D	E
		S	G		Ø	V		
L	I			O			S	Ø
		L		D		Ø	I	O
	Ø			S	O	E	V	
		E			V	S	L	

날짜 : _____   시간 : _____

1단계: GOD IS LØVE

NO. 40

Ø				I	O			G
		I			G			D
E		G	S		V	L	I	Ø
		L	E	O				
V	E						D	L
				V	L	E		
S	L	D	O		E	G		I
I			G			Ø		
O			V	S				E

날짜 : _____   시간 : _____

2단계: 1~9까지 숫자넣기

NO. 41

7	5	6		2	3	8		9
				7	9		6	2
	9	2		8		3		
		3						1
					8	4		
4			6					
2	7				5		1	
			8	6		9	7	
6	8	5	7		1	2	3	

날짜 : _____   시간 : _____

2단계: 1~9까지 숫자넣기

NO. 42

		7	9		6	4		5
	6	5			1		9	7
8		2		4				
					9			1
5		9				7		3
7			4					
				5		2		8
2	5		8			1	6	
6		8	2		3	5		

날짜 : _____   시간 : _____

2단계: 1~9까지 숫자넣기

NO. 43

		4		8	2			1
1			6					9
6	3			9			2	7
2			4				1	
		5	1			7		2
		1			9		5	
	1			5	8	2	6	
		9			6	1		
3	8		2			9		

날짜 : _____   시간 : _____

2단계: 1~9까지 숫자넣기

NO. 44

		6						
5	2			6	1	4	3	
	3	1		2		9		5
6				9		7		1
1		8		7			9	
		2	6		5		8	
3	1		5		2		4	
	6	4		3	7	5	1	
2								

날짜 : _____   시간 : _____

2단계: 하나님은 사랑이시라

NO. 45

이				나		하		
	나		랑		하	라		
			라		님	나	시	
나			하		사	은		
	은	하	님		나	사	라	
		님	은		이			나
	님	랑	나		시			
		사	이		랑		나	
		나		은				하

날짜 : _____   시간 : _____

2단계: 하나님은 사랑이시라

NO. 46

시			랑		하		사	
	님					랑		하
하		랑	사		나			
		시		라		사		나
님		이				라		은
나		라		사		하		
			이		은	나		님
랑		하					이	
	나		하		사			랑

날짜 : _____   시간 : _____

2단계: 하나님은 사랑이시라

NO. 47

	라	나						
		시	은	하	이			라
하		랑	사	나			님	은
나		님				사		
시				사				이
		이				님		시
이	시			님	사	라		나
님			랑	은	시	하		
						은	시	

날짜 : _____   시간 : _____

2단계: 하나님은 사랑이시라

NO. 48

	나			사				랑
	은	시	하			나		
	라	사	나					이
				하			라	시
		나	사	라	랑	은		
은	하		시					
하					사	랑	나	
		랑			시	라	이	
라				이			시	

날짜 : _____   시간 : _____

2단계: 예수님은 나의 구주!

NO. 49

	!	나					님	
예		은	!			수	주	
					예	나		
!	나	의		구	님	은		주
	은						나	
구		수	나	주		!	의	예
		!	은					
	의	주			!	님		은
	예					의	!	

날짜 : _____   시간 : _____

2단계: 예수님은 나의 구주!

NO. 50

구	은	나			수	예		
예						주		구
			구	나			!	
	!	구		님			예	나
		수				!		
의	나			구		수	님	
	구			은	나			
나		의						!
		은	의			나	주	예

날짜 : _____ 시간 : _____

2단계: 예수님은 나의 구주!

NO. 51

나						예	!	
					구		의	님
	의		수		!	은		
수	!				나	주	구	
			의	은	주			
	주	예	!				은	나
		의	구		님		예	
!	수		나					
	님	나						!

날짜 : _____   시간 : _____

2단계: 예수님은 나의 구주!

NO. 52

나	은	구		의			!	
	님	!		예				수
	의						주	
			예	나				의
구		예				수		!
!				수	구			
	구						나	
수				주		구	예	
	예			구		의	수	님

날짜 : _____   시간 : _____

2단계: 쉬지 말고 기도하라!

NO. 53

		도				쉬	말	
			고		도			기
	하			쉬				
기	도	쉬		!			라	말
!		라		기		도		고
고	지			말		기	쉬	!
				도			!	
말			라		!			
	쉬	!				고		

날짜 : _____   시간 : _____

2단계: 쉬지 말고 기도하라!

NO. 54

쉬		말			하			
			고	말			쉬	
기						도		하
고			기	라		쉬		
		쉬	하		고	기		
		!		도	쉬			말
도		라						기
	말			고	!			
			말			하		!

날짜 : _____   시간 : _____

2단계: 쉬지 말고 기도하라!

NO. 55

하	고	기			지			쉬
쉬	말					도	지	
		지			쉬			말
	하	고	도		말			
		말		기		라		
			하		라	고	말	
고			지			쉬		
	기	!					고	라
말			!			지	도	기

날짜 : _____   시간 : _____

2단계: 쉬지 말고 기도하라!

NO. 56

	기	고	하					도
	라			쉬		하	고	
지	쉬			기				라
	!				고	기		지
				지				
기		지	도				!	
!				라			하	고
	말	쉬		도			라	
하					!	도	기	

날짜 : _____ 시간 : _____

2단계: 내가 주님 사랑합니다

NO. 57

	가	합		님				주
				랑		합	사	
		랑		합	가			님
	합	니	랑			주		사
내								합
다		주			님	내	니	
니			가	사		님		
	다	사		내				
합				니		사	랑	

날짜 : _____   시간 : _____

2단계: 내가 주님 사랑합니다

NO. 58

	님		가			니		
	다	내	니					사
사		가	랑			님	주	
가		다		랑				
	사			다		님		랑
				사		다		니
	가	합			랑	주		님
니					가	랑	다	
		님			다		사	

날짜 : _____   시간 : _____

2단계: 내가 주님 사랑합니다

NO. 59

		사	님	가			내	
			사			님		합
주	님	가	대					
						랑	니	내
님	합	주						
					가	니	다	랑
다		님			니			
	니			주	내	가		

날짜 : _____   시간 : _____

2단계: 내가 주님 사랑합니다

NO. 60

가		님				주		
	다		님	합				
사		랑	가				합	니
주		합		님			사	가
				니				
님	사		주			합		내
합	랑			내	니			님
				주	니		랑	
		주				내		합

날짜 : _____   시간 : _____

2단계: 항상 기뻐해야 합니다

NO. 61

				니		항	합	해
					해			기
	뻐		항	합	기			야
야		기	상					
	합		기		니		상	
					뻐	합		니
합			해	기	다		야	
니				합				
다	항	야		뻐				

날짜 : _____   시간 : _____

2단계: 항상 기뻐해야 합니다

NO. 62

	다		상	항	해			
	니					상		다
	상				다			기
기		다		니				
	뻐		해		합		기	
				상		야		합
합			다				뻐	
니		해					합	
			기	합	항		상	

날짜 : _____   시간 : _____

2단계: 항상 기뻐해야 합니다

NO. 63

	해						뻐	
합				니	다		항	
야					항	상		니
	니	상	다					
	합			상			야	
					뻐	합	해	
상		합	기					항
	뻐		상	다				기
	기					야		

날짜 : _____   시간 : _____

2단계: 항상 기뻐해야 합니다

NO. 64

기	상	항						
			해		다			항
다				상		야		
		뻐		상		야	니	
		기		야		합		
	야	상		항		뻐		
	해		야					니
항			기		합			
						항	뻐	해

날짜 : _____   시간 : _____

2단계: 부활 승천하신 예수님

NO. 65

	천		활				신	부
		부	예			승		
		수	부		천			
하	부	활						
승				천				활
						예	부	님
			천		수	하		
		하			활	님		
활	신				승		예	

날짜 : _____ 시간 : _____

2단계: 부활 승천하신 예수님

NO. 66

활		승			신			
		님				수		승
			부					천
	승		님			천	수	하
	예			부			승	
하	천	신			승		님	
수					부			
예		천				님		
			신			활		예

날짜 : _____   시간 : _____

2단계: 부활 승천하신 예수님

NO. 67

						예	하	승
	예		활	승		님		
	승	님		신				
부		수	하					님
예								수
님					예	하		신
				님		신	활	
		신		예	부		천	
수	부	천						

날짜 : _____   시간 : _____

2단계: 부활 승천하신 예수님

NO. 68

			승	예			님	
	천	승			부			
		활			천	승	예	부
						님	수	하
			예		승			
부	활	수						
활	승	천	부			하		
			신			부	활	
	신			승	예			

날짜 : _____   시간 : _____

2단계: 예수 믿고 온가족 구원

NO. 69

		가					구	수
			수	가				온
족	수		믿					
	예	고	원			수		
			가		수			
		수			족	고	원	
					원		고	예
온				믿	구			
구	원					믿		

날짜 : _____   시간 : _____

2단계: 예수 믿고 온가족 구원

NO. 70

	민	원					온	예
		가	민					족
			구	온	원			
	원				수		족	
예								원
	구		예				가	
			온	수	민			
족					가	수		
가	예					민	고	

날짜 : _____   시간 : _____

2단계: 예수 믿고 온가족 구원

NO. 71

	구					온		
온	원		예		가	족		
			원		온		고	
				수		고	족	
원		민				예		구
	족	온		원				
	가		고		수			
		예	민		원		가	족
		족					민	

날짜 : _____   시간 : _____

2단계: 예수 믿고 온가족 구원

NO. 72

구		믿		수				
		예			고	원		족
고			믿		가			
	가		고	예			족	
	고						온	
	예			가	믿		고	
			수		구			고
족		온	원			가		
				믿		온		구

날짜 : _____   시간 : _____

2단계: LIGHT Ⓢ Ⓐ Ⓛ Ⓣ

NO. 73

Ⓛ	G	Ⓢ				H		
		H			Ⓢ		I	Ⓣ
			H	L				
			G	I		L		Ⓐ
H								I
I		L		Ⓢ	Ⓐ			
				Ⓐ	L			
L	Ⓢ		I			T		
		T				Ⓐ	Ⓣ	L

날짜 : _____   시간 : _____

2단계: LIGHT SALT

NO. 74

		G	H			L	Ⓢ	
		I	T	Ⓐ				G
		Ⓢ	I				H	
Ⓛ							Ⓐ	
L			Ⓐ		T			Ⓣ
	Ⓣ							L
	Ⓐ				H	Ⓢ		
G				L	I	Ⓐ		
	Ⓢ	L			Ⓐ	I		

날짜: _____ 시간: _____

2단계: L I G H T Ⓢ Ⓐ Ⓛ Ⓣ

NO. 75

			Ⓢ	I		Ⓛ	Ⓣ	
	Ⓛ	G		L				Ⓢ
Ⓢ		I					G	
	Ⓢ	L			Ⓛ			
			G		Ⓢ			
			H			Ⓢ	T	
	H					Ⓐ		Ⓣ
T				Ⓢ		I	Ⓛ	
	Ⓐ	Ⓢ		Ⓛ	H			

날짜 : _____   시간 : _____

2단계: L I G H T Ⓢ Ⓐ Ⓛ Ⓣ

NO. 76

			Ⓛ			Ⓢ	Ⓣ	G
Ⓛ			H					
	T	Ⓐ						H
	Ⓐ			T		Ⓣ	L	
Ⓢ								T
	L	I		H			Ⓐ	
G						Ⓛ	I	
				G				Ⓣ
Ⓐ	Ⓢ	Ⓣ		H				

날짜 : _____   시간 : _____

2단계: GOD IS LØVE

NO. 77

		E	Ø					I
Ø		I		V			L	
G				E	S		V	
							O	G
			O		V			
I	O							
	Ø		L	I				E
	I			D		S		Ø
D					O	L		

날짜 : _____   시간 : _____

2단계: GOD IS LØVE

NO. 78

G			O		S			
	Ø	I		E				
		O				Ø	L	E
O						E	S	
			V	I	E			
	G	E						I
S	V	Ø				O		
				V		L	I	
			G		Ø			S

날짜 : _____ 시간 : _____

2단계: GOD IS LOVE

NO. 79

			O		E		S	
O			I				L	
L		I					V	
E	I	L		V		S		
S								O
		G		S		L	E	D
	L			.		Ø		S
	D				S			L
	S		E		L			

날짜 : _____   시간 : _____

2단계: GOD IS LOVE

NO. 80

			G		L	O		
V			O					
	E			I		D		V
L	O						V	S
			V		S			
G	S						L	D
Ø		G		D			O	
					E			G
		S	L		O			

날짜 : _____   시간 : _____

3단계: 1~9까지 숫자넣기

NO. 81

2	5					1		
1		7		5		9		
	3		1		7		5	
8	2	5						
			9	3	5			
						5	7	1
	8		6		3		1	
		1		8		4		9
		9					2	3

날짜 : _____   시간 : _____

3단계: 1~9까지 숫자넣기

NO. 82

		5			6			4
	4				9			5
3		7			4		1	
				8		9	6	
	2		3		1		5	
	8	6		4				
	6		7			1		3
9			4				2	
4			6			7		

날짜 : _____   시간 : _____

3단계: 1~9까지 숫자넣기

NO. 83

		3	7				6	
		1		5				3
	2		4				7	
	8				4	2		5
1			2		6			4
4		2	3				8	
	6				7		4	
2				4		1		
	1				3	7		

3단계: 1~9까지 숫자넣기

NO. 84

	2	3	1					9
		1		8				2
		7			2			6
	5					6	8	1
				1				
1	7	6					5	
8			4			7		
7				2		9		
9					5	4	6	

날짜 : _____   시간 : _____

3단계: 하나님은 사랑이시라

NO. 85

시					님	랑		하
	님				은			
랑					하		이	님
				라	시	하		
	은						랑	
	라	시	나					
사	시		라					은
			님				시	
은		이	시					사

날짜: _____ 시간: _____

3단계: 하나님은 사랑이시라

NO. 86

					랑		은	이
	사	라						나
	은		시		이			
나	시					은		
		이		님		사		
		은				님		라
			사		하		라	
님						랑	시	
라	나		님					

날짜 : _____   시간 : _____

3단계: 하나님은 사랑이시라

NO. 87

				님			나	
			하		나	시		사
라	님				사			
	하			이	시	사		
		이				나		
		님	나	사			하	
			은				라	시
은		하	라		랑			
		이		시				

날짜 : _____   시간 : _____

3단계: 하나님은 사랑이시라

NO. 88

이		은				나		님
		님			시			사
	라		하	나	님			
				라		은		이
	이						사	
랑	나		님					
			랑	이	라		님	
은			님			사		
라		이				랑		나

날짜 : _____ 시간 : _____

3단계: 예수님은 나의 구주!

NO. 89

!					수		주	
의					주	나		
			!			은	의	
						예	수	나
		수		나		님		
주	!	나						
	구	!			예			
		은	수					님
	나		님					은

날짜 : _____   시간 : _____

3단계: 예수님은 나의 구주!

NO. 90

					의		수	예
		의	주		나			
		예			님			!
	나					!	은	
	의		은				구	
	수	구					주	
주			님			수		
			예		주	님		
구	님		수					

날짜 : _____   시간 : _____

3단계: 예수님은 나의 구주!

NO. 91

은				구			님	
님	수				의		구	
		구		님	!			
		수	나		예		의	
		주					수	
	!			의		수	은	
			!	수		구		
	의		구				수	주
	구			의				!

날짜 : _____   시간 : _____

3단계: 예수님은 나의 구주!

NO. 92

	!				님	은	수	
	님	의	!	은				
				나				
의			나			주		수
		나	주		예	!		
주		은			!			의
			수					
			주	의	예	님		
	의	님	예				주	

날짜 : _____ 시간 : _____

3단계: 쉬지 말고 기도하라!

NO. 93

말			하					쉬
					지			라
도	기			쉬				
		도			하	쉬		
	하	말	도		!	기	지	
		지	말			도		
				!			쉬	기
하			지					
!					말			도

날짜 : _____   시간 : _____

3단계: 쉬지 말고 기도하라!

NO. 94

				고			말	
라		말		지			고	
	!	지	기				하	
!			라					말
			지		고			
말					도			라
	고				기	말	지	
	말			!		기		쉬
	쉬			라				

날짜 : _____   시간 : _____

3단계: 쉬지 말고 기도하라!

NO. 95

			지		하	쉬	기	
		쉬			라		도	
	라				!	하		
!		도		고				
기								도
				도		!		하
		하	말				고	
	기		라			도		
	도	말	쉬		기			

날짜 : _____   시간 : _____

3단계: 쉬지 말고 기도하라!

NO. 96

	쉬			말				하
말	하			쉬	기			
			지			기		쉬
		기				쉬	고	
			도		말			
	!	고				라		
고	말				!			
			기	지			쉬	고
지				도			!	

날짜 : _____   시간 : _____

3단계: 내가 주님 사랑합니다

NO. 97

내	가	사		님				
			사			내		합
		님	주					
		주			사			가
	니		가		주		내	
님			내		니			
				가	주			
랑		합			내			
				주		합	사	니

날짜 : _____   시간 : _____

3단계: 내가 주님 사랑합니다

NO. 98

사			님			합	다	
님								가
		합	다		내	랑		
	합			랑			가	사
				님				
다	가			주			합	
		주	합		랑	다		
합								니
	님	내			사			합

날짜 : _____ 시간 : _____

3단계: 내가 주님 사랑합니다

NO. 99

	내		합					님
		가					사	니
님	니		사					
				내	님	랑		
랑		님				니		다
		내	니	랑				
					다		님	랑
주	합					다		
다					합		니	

날짜 : _____   시간 : _____

3단계: 내가 주님 사랑합니다

NO. 100

가			사	님	랑	니		
						가		님
니					합		주	
	내			랑				
	님	다				사	내	
				다			랑	
	가		랑					다
주		니						
		랑	님	합	니			주

날짜 : _____   시간 : _____

3단계: 항상 기뻐해야 합니다

NO. 101

		합						
다				니	뻐			
	상		항			야		기
뻐		니	해					
	합	상				해	니	
				상	다			야
해		뻐			항		다	
			기	야				합
						항		

날짜 : _____   시간 : _____

3단계: 항상 기뻐해야 합니다

NO. 102

			기	합				
항	해							상
			항		니	기		다
	항			뻐	해		다	
		야				합		
	다		야	니			기	
해		항	니		뻐			
뻐							니	기
				항	야			

날짜 : _____   시간 : _____

3단계: 항상 기뻐해야 합니다

NO. 103

	야	합			항			
			다					야
	항						상	해
		뻐		해		상		합
				뻐				
해		기		니		다		
뻐	니						합	
다					니			
			상			기	뻐	

날짜 : _____   시간 : _____

3단계: 항상 기뻐해야 합니다

NO. 104

		니		상				
		합				상	항	
			기	항			다	합
	뻐				야			
합			항		해			기
			합				상	
다	해		기	항				
	기	상				니		
				야		해		

날짜 : _____   시간 : _____

3단계: 부활 승천하신 예수님

NO. 105

수			부	신		천		
			천					
하	천	승					수	
	하		신		수	예		승
	님			하			신	
활		신	승		부		님	
	승					님	부	예
				님				
		천		승	신			수

날짜 : _____   시간 : _____

3단계: 부활 승천하신 예수님

NO. 106

					하		승	천
활		부			수			신
		승						
	승	활		예				
		신	님		승	수		
				수		승	하	
						천		
예			신			님		활
신	님		수					

날짜 : _____   시간 : _____

3단계: 부활 승천하신 예수님

NO. 107

	승			부	님			
	부				활		승	천
	예							신
		천	님			승		
			천		부			
		수			신	활		
예							수	
활	수		승				부	
			활	예			신	

날짜 : _____   시간 : _____

3단계: 부활 승천하신 예수님

NO. 108

천			활			승		
	수	신				하		
	님			천			신	
활				예	신			부
	천						수	
예			천	수				신
	신			님			예	
		승				신	천	
		천			승			수

날짜 : _____   시간 : _____

3단계: 예수 믿고 온가족 구원

NO. 109

			민		가		원	
민					원			수
구		가				고	족	
		원	구			민		
가								고
		수			고	원		
	가	민				수		족
수			원					구
	고		예		족			

날짜 : _____   시간 : _____

3단계: 예수 믿고 온가족 구원

NO. 110

		구					고	민
수	고							
민					가	원		
	족		온			구	원	
	구		원		민		예	
	수	예			고		족	
		원	민					족
							가	구
족	예					고		

날짜 : _____   시간 : _____

3단계: 예수 믿고 온가족 구원

NO. 111

	원					구		민
	구			온	민			족
		예		원	수	온		
수		원			고			
			예		원			
			온			고		원
		온	고	족		원		
족			원	예			온	
원		구						족

날짜 : _____   시간 : _____

3단계: 예수 믿고 온가족 구원

NO. 112

		민			온		가	예
		예			고			온
		족	예		민			
	족	수						가
	가			고			원	
고						예	수	
			수		예	가		
수			고			구		
원	예		구			족		

날짜 : _____   시간 : _____

3단계: LIGHT Ⓢ Ⓐ Ⓛ Ⓣ

NO. 113

	L		Ⓐ		G			Ⓛ
		Ⓣ						Ⓐ
	Ⓢ			Ⓛ				H
			Ⓐ			L	H	
		H	I		Ⓛ	Ⓢ		
	G	T		L				
Ⓛ				Ⓣ			G	
G						T		
Ⓣ			H		T		Ⓛ	

날짜 : _____   시간 : _____

3단계: LIGHT ⓢⒶⓁⓉ

NO. 114

	Ⓐ			L	G			T
			Ⓛ			L	G	
			H			Ⓐ	Ⓢ	
Ⓐ						G	Ⓛ	
			G		Ⓐ			
	Ⓛ	L						I
	T	Ⓛ			Ⓣ			
	H	Ⓐ			Ⓛ			
Ⓣ			Ⓐ	I			L	

날짜 : _____   시간 : _____

3단계: LIGHT SALT

NO. 115

						Ⓛ		Ⓢ
Ⓢ	Ⓣ	I					H	
				Ⓐ	Ⓢ	Ⓣ		
	Ⓐ	L					Ⓛ	
			Ⓛ		L			
	T					H	I	
		Ⓐ	Ⓣ	I				
	G					I	L	H
Ⓛ		T						

날짜 : _____   시간 : _____

3단계: LIGHT ⓢⓐⓛⓣ

NO. 116

			L					
L			I		T			G
Ⓣ		Ⓐ				H		
Ⓛ	H	T					G	
				L				
	I					Ⓢ	Ⓣ	Ⓛ
		G				Ⓛ		T
H			Ⓢ		G			Ⓐ
					I			

날짜 : _____   시간 : _____

3단계: GOD IS LOVE

NO. 117

		G					O	E
	Ø		L	O				
D			Ø		E			
		I		Ø				
	S	D				L	I	
				S		O		
			G		V			S
			D	S			E	
I	D					V		

날짜 : _____   시간 : _____

3단계: GOD IS LOVE

NO. 118

		V			G	Ø	E	
					E	V	D	
	I			V				O
	D					O		L
L								E
S		Ø					I	
I				O			G	
	L	G	I					
	O	E	Ø			I		

날짜 : _____   시간 : _____

3단계: GOD IS LOVE

NO. 119

	L		G					O
		D				S		G
	O		V	I				
	E		I	G				D
		I				V		
D			S	Ø			I	
			D	I			S	
I		E				Ø		
O					E		D	

날짜 : _____   시간 : _____

3단계: GOD IS LOVE

NO. 120

I	L						D	
					Ø	V		
Ø			D			O		
	S	L					V	I
				G			O	
G	D		E	I				
		S			D			G
					I	D		
	E	G		Ø				

날짜 : _____   시간 : _____

NO. 1

9	3	4	1	2	8	7	5	6
8	6	7	5	4	9	1	3	2
1	2	5	3	6	7	8	4	9
5	8	6	4	3	1	2	9	7
7	1	3	9	5	2	4	6	8
2	4	9	8	7	6	5	1	3
6	9	8	7	1	5	3	2	4
3	5	2	6	8	4	9	7	1
4	7	1	2	9	3	6	8	5

NO. 2

7	5	2	9	3	8	6	4	1
9	8	4	5	1	6	3	7	2
3	6	1	4	2	7	9	8	5
8	4	9	3	7	1	2	5	6
1	7	6	2	5	9	4	3	8
5	2	3	6	8	4	1	9	7
2	1	8	7	4	3	5	6	9
4	9	5	8	6	2	7	1	3
6	3	7	1	9	5	8	2	4

NO. 3

5	3	6	4	9	2	1	8	7
2	9	7	3	8	1	5	6	4
1	8	4	6	7	5	3	9	2
8	2	5	7	1	3	6	4	9
7	6	3	9	4	8	2	5	1
4	1	9	2	5	6	8	7	3
6	7	1	8	2	4	9	3	5
3	4	2	5	6	9	7	1	8
9	5	8	1	3	7	4	2	6

NO. 4

1	9	5	6	2	3	4	7	8
2	7	3	8	1	4	9	6	5
8	4	6	7	5	9	2	1	3
3	1	9	4	6	2	5	8	7
7	8	2	5	9	1	3	4	6
6	5	4	3	7	8	1	2	9
5	6	1	2	3	7	8	9	4
4	2	7	9	8	5	6	3	1
9	3	8	1	4	6	7	5	2

NO. 5

시	이	님	하	라	은	랑	사	나
라	하	랑	나	사	님	시	이	은
은	나	사	시	랑	이	라	하	님
하	랑	시	이	은	라	님	나	사
사	님	이	랑	시	나	하	은	라
나	은	라	님	하	사	이	시	랑
님	시	은	사	이	랑	나	라	하
이	라	나	은	님	하	사	랑	시
랑	사	하	라	나	시	은	님	이

NO. 6

나	님	이	라	은	랑	하	사	시
시	라	은	나	사	하	이	님	랑
랑	사	하	이	님	시	라	나	은
하	랑	나	님	이	은	시	라	사
님	은	라	시	나	사	랑	하	이
사	이	시	하	랑	라	나	은	님
은	나	사	랑	라	이	님	시	하
라	시	랑	은	하	님	사	이	나
이	하	님	사	시	나	은	랑	라

NO. 7

라	은	님	랑	나	시	이	사	하
하	랑	이	사	은	라	시	나	님
시	사	나	님	이	하	랑	은	라
사	하	라	은	랑	나	님	이	시
님	시	은	라	사	이	하	랑	나
나	이	랑	하	시	님	은	라	사
랑	나	하	이	님	사	라	시	은
은	라	사	시	하	랑	나	님	이
이	님	시	나	라	은	사	하	랑

NO. 8

랑	사	이	하	시	나	라	님	은
라	님	은	랑	이	사	하	시	나
하	시	나	님	은	라	랑	이	사
님	라	시	은	나	랑	사	하	이
이	은	랑	사	하	님	나	라	시
나	하	사	시	라	이	님	은	랑
은	이	님	나	사	하	시	랑	라
시	나	하	라	랑	은	이	사	님
사	랑	라	이	님	시	은	나	하

NO. 9

나	구	수	예	!	은	님	의	주
은	의	!	님	주	구	예	나	수
님	예	주	나	의	수	은	구	!
주	님	예	수	나	의	!	은	구
!	나	구	주	은	예	의	수	님
수	은	의	구	님	!	주	예	나
예	!	나	의	수	님	구	주	은
구	주	은	!	예	나	수	님	의
의	수	님	은	구	주	나	!	예

NO. 10

은	구	님	!	의	수	예	주	나
예	나	!	구	은	주	수	의	님
주	의	수	나	님	예	은	!	구
!	수	구	예	주	나	님	은	의
님	주	은	의	수	구	나	예	!
의	예	나	님	!	은	구	수	주
나	은	의	수	구	!	주	님	예
구	!	주	은	예	님	의	나	수
수	님	예	주	나	의	!	구	은

NO. 11

구	나	의	주	님	!	은	수	예
예	은	주	의	수	구	나	!	님
수	님	!	나	예	은	구	의	주
주	!	구	수	나	의	님	예	은
나	의	예	은	!	님	주	구	수
은	수	님	구	주	예	!	나	의
의	주	은	!	구	수	예	님	나
님	구	나	예	의	주	수	은	!
!	예	수	님	은	나	의	주	구

NO. 12

예	!	주	수	나	은	구	님	의
은	수	구	예	의	님	!	나	주
님	의	나	!	구	주	수	은	예
수	나	!	주	님	예	은	의	구
구	주	예	의	은	!	님	수	나
의	은	님	나	수	구	주	예	!
!	구	의	은	예	수	나	주	님
나	님	은	구	주	의	예	!	수
주	예	수	님	!	나	의	구	은

NO. 13

기	지	하	말	라	고	도	쉬	!
쉬	라	고	기	!	도	하	말	지
말	!	도	하	지	쉬	기	고	라
하	고	라	도	말	지	쉬	!	기
지	도	말	!	쉬	기	라	하	고
!	쉬	기	고	하	라	말	지	도
도	기	!	쉬	고	말	지	라	하
고	말	지	라	기	하	!	도	쉬
라	하	쉬	지	도	!	고	기	말

NO. 14

쉬	!	라	지	말	고	기	도	하
도	고	지	기	쉬	하	말	라	!
말	하	기	라	도	!	쉬	지	고
하	쉬	도	!	지	라	고	기	말
라	기	말	쉬	고	도	하	!	지
고	지	!	하	기	말	라	쉬	도
기	도	하	말	라	지	!	고	쉬
지	말	쉬	고	!	기	도	하	라
!	라	고	도	하	쉬	지	말	기

NO. 15

말	!	하	지	쉬	기	라	고	도
쉬	라	지	도	하	고	말	!	기
고	기	도	!	말	라	하	지	쉬
지	하	!	쉬	도	말	기	라	고
도	쉬	기	라	고	!	지	말	하
라	고	말	기	지	하	도	쉬	!
하	도	쉬	고	라	지	!	기	말
!	지	고	말	기	도	쉬	하	라
기	말	라	하	!	쉬	고	도	지

NO. 16

라	쉬	!	하	지	말	고	기	도
지	말	하	고	기	도	쉬	!	라
고	기	도	!	라	쉬	지	말	하
하	지	라	기	!	고	말	도	쉬
도	!	쉬	라	말	지	하	고	기
기	고	말	쉬	도	하	라	지	!
말	도	기	지	하	라	!	쉬	고
!	하	고	말	쉬	기	도	라	지
쉬	라	지	도	고	!	기	하	말

NO. 17

다	가	합	내	주	님	랑	사	니
주	랑	니	합	가	사	다	내	님
내	님	사	니	다	랑	가	합	주
가	다	님	사	니	합	내	주	랑
랑	니	주	다	내	가	합	님	사
합	사	내	랑	님	주	니	가	다
님	합	다	주	랑	내	사	니	가
니	내	가	님	사	다	주	랑	합
사	주	랑	가	합	니	님	다	내

NO. 18

내	가	주	다	사	님	랑	합	니
님	합	니	가	랑	내	주	사	다
사	랑	다	합	주	니	님	내	가
랑	다	사	님	합	가	니	주	내
합	주	내	사	니	랑	가	다	님
니	님	가	내	다	주	사	랑	합
가	사	님	주	내	합	다	니	랑
주	니	합	랑	가	다	내	님	사
다	내	랑	니	사	합	가	주	주

NO. 19

랑	사	니	님	합	다	내	가	주
주	내	가	랑	니	사	합	다	님
님	합	다	내	가	주	사	랑	니
합	니	님	가	다	내	랑	주	사
사	가	내	주	랑	합	니	님	다
다	랑	주	니	사	님	가	합	내
내	님	사	합	주	랑	다	니	가
가	주	합	다	내	니	님	사	랑
니	다	랑	사	님	가	주	내	합

NO. 20

랑	다	니	내	님	사	가	합	주
주	님	사	니	가	합	내	랑	다
합	가	내	주	랑	다	님	니	사
다	니	님	랑	주	내	사	가	합
내	사	랑	가	합	니	주	다	님
가	주	합	사	다	님	니	내	랑
사	합	다	님	니	가	랑	주	내
니	내	주	합	사	랑	다	님	가
님	랑	가	다	내	주	합	사	니

NO. 21

기	항	뻐	합	야	니	해	다	상
해	니	상	다	뻐	항	야	합	기
다	야	합	기	해	상	항	뻐	니
상	합	항	니	다	기	뻐	야	해
야	기	해	항	합	뻐	상	니	다
뻐	다	니	야	상	해	합	기	항
니	뻐	다	상	항	합	기	해	야
합	상	야	해	기	다	니	항	뻐
항	해	기	뻐	니	야	다	상	합

NO. 22

합	항	뻐	상	기	니	야	다	해
다	상	해	항	야	합	기	뻐	니
니	기	야	뻐	해	다	합	항	상
야	합	니	기	상	뻐	다	해	항
항	뻐	상	합	다	해	니	야	기
기	해	다	야	니	항	뻐	상	합
해	니	기	다	항	야	상	합	뻐
뻐	다	항	니	합	상	해	기	야
상	야	합	해	뻐	기	항	니	다

NO. 23

해	니	다	야	상	뻐	항	기	합
뻐	야	합	항	기	해	니	상	다
항	상	기	니	다	합	뻐	해	야
기	해	야	합	항	다	상	뻐	니
합	다	뻐	기	니	상	해	야	항
니	항	상	뻐	해	야	합	다	기
다	뻐	항	상	야	니	기	합	해
상	기	해	다	합	항	야	니	뻐
야	합	니	해	뻐	기	다	항	상

NO. 24

뻐	니	기	상	야	다	합	항	해
야	해	항	니	합	뻐	기	상	다
상	다	합	기	항	해	뻐	야	니
합	뻐	니	다	기	상	야	해	항
해	상	야	항	뻐	니	다	합	기
기	항	다	야	해	합	상	니	뻐
니	기	뻐	합	상	항	해	다	야
항	합	해	뻐	다	야	니	기	상
다	야	상	해	니	기	항	뻐	합

NO. 25

승	천	부	예	하	수	신	님	활
신	하	님	활	승	부	수	예	천
활	수	예	신	천	님	부	승	하
하	님	천	부	활	예	승	수	신
예	승	신	수	님	천	하	활	부
부	활	수	승	신	하	님	천	예
천	부	하	님	수	활	예	신	승
수	신	활	하	예	승	천	부	님
님	예	승	천	부	신	활	하	수

NO. 26

부	님	예	수	신	천	승	활	하
천	승	하	예	님	활	부	수	신
활	수	신	부	하	승	님	예	천
예	활	부	신	천	수	하	님	승
수	신	승	님	예	하	천	부	활
하	천	님	승	활	부	예	신	수
신	예	활	하	승	님	수	천	부
님	하	수	천	부	신	활	승	예
승	부	천	활	수	예	신	하	님

NO. 27

활	하	수	신	부	천	승	님	예
천	부	님	예	수	승	신	활	하
신	승	예	하	님	활	천	부	수
부	예	승	님	활	하	수	신	천
수	활	하	승	천	신	부	예	님
님	천	신	부	예	수	활	하	승
승	님	활	천	하	부	예	수	신
하	신	부	수	승	예	님	천	활
예	수	천	활	신	님	하	승	부

NO. 28

승	신	수	님	부	활	천	예	하
예	천	활	신	승	하	수	부	님
하	님	부	예	수	천	승	신	활
활	예	천	하	신	님	부	승	수
신	승	님	수	예	부	하	활	천
부	수	하	활	천	승	예	님	신
님	부	승	천	활	수	신	하	예
천	활	예	승	하	신	님	수	부
수	하	신	부	님	예	활	천	승

NO. 29

민	가	온	수	원	고	족	구	예
원	수	예	구	족	온	가	고	민
고	족	구	예	가	민	원	온	수
수	고	가	민	예	원	구	족	온
구	예	민	고	온	족	수	가	원
족	온	원	가	수	구	민	예	고
온	민	고	족	구	수	예	원	가
예	구	수	원	고	가	온	민	족
가	원	족	온	민	예	고	수	구

NO. 30

수	원	가	예	온	구	족	고	민
예	족	고	수	가	민	구	온	원
온	민	구	원	족	고	예	가	수
구	온	족	가	고	수	민	원	예
가	수	예	민	원	온	고	족	구
원	고	민	족	구	예	온	수	가
민	구	온	고	수	원	가	예	족
족	예	수	온	민	가	원	구	고
고	가	원	구	예	족	수	민	온

NO. 31

수	가	구	온	민	족	원	고	예
예	고	족	원	수	가	구	온	민
원	민	온	예	구	고	가	족	수
족	예	고	구	원	수	민	가	온
구	원	민	고	가	온	수	예	족
온	수	가	족	예	민	고	구	원
고	구	예	수	온	원	족	민	가
민	온	원	가	족	구	예	수	고
가	족	수	민	고	예	온	원	구

NO. 32

가	족	원	고	온	예	구	민	수
고	구	수	민	족	원	예	온	가
민	온	예	수	가	구	족	원	고
온	가	고	구	민	족	수	예	원
수	원	구	예	고	온	민	가	족
예	민	족	가	원	수	고	구	온
원	고	민	족	구	가	온	수	예
족	수	가	온	예	민	원	고	구
구	예	온	원	수	고	가	족	민

NO. 33

I	Ⓣ	Ⓛ	T	L	H	Ⓐ	G	Ⓢ
L	H	Ⓐ	Ⓣ	G	Ⓢ	T	I	Ⓛ
T	G	Ⓢ	Ⓐ	Ⓛ	I	L	H	Ⓣ
Ⓐ	Ⓛ	L	G	T	Ⓣ	I	Ⓢ	H
G	I	T	H	Ⓢ	L	Ⓛ	Ⓣ	Ⓐ
H	Ⓢ	Ⓣ	I	Ⓐ	Ⓛ	G	L	T
Ⓣ	T	H	L	I	Ⓐ	Ⓢ	Ⓛ	G
Ⓛ	L	G	Ⓢ	H	T	Ⓣ	Ⓐ	I
Ⓢ	Ⓐ	I	Ⓛ	Ⓣ	G	H	T	L

NO. 34

I	Ⓣ	Ⓛ	L	Ⓢ	H	T	G	Ⓐ
Ⓐ	L	Ⓢ	G	Ⓣ	T	I	H	Ⓛ
G	T	H	I	Ⓛ	Ⓐ	Ⓢ	L	Ⓣ
L	Ⓛ	Ⓐ	Ⓣ	I	G	H	T	Ⓢ
Ⓢ	I	Ⓣ	T	H	Ⓛ	G	Ⓐ	L
H	G	T	Ⓢ	Ⓐ	L	Ⓣ	Ⓛ	I
Ⓛ	Ⓢ	G	H	L	I	Ⓐ	Ⓣ	T
Ⓣ	H	L	Ⓐ	T	Ⓢ	Ⓛ	I	G
T	Ⓐ	I	Ⓛ	G	Ⓣ	L	Ⓢ	H

NO. 35

G	Ⓛ	L	Ⓐ	H	I	Ⓣ	T	Ⓢ
T	Ⓢ	Ⓣ	L	Ⓛ	G	I	H	Ⓐ
Ⓐ	I	H	Ⓢ	Ⓣ	T	G	L	Ⓛ
H	Ⓐ	Ⓛ	Ⓣ	G	Ⓢ	T	I	L
Ⓣ	T	I	Ⓛ	Ⓐ	L	Ⓢ	G	H
Ⓢ	L	G	T	I	H	Ⓛ	Ⓐ	Ⓣ
Ⓛ	H	Ⓐ	I	T	Ⓣ	L	Ⓢ	G
I	G	Ⓢ	H	L	Ⓛ	Ⓐ	Ⓣ	T
L	Ⓣ	T	G	Ⓢ	Ⓐ	H	Ⓛ	I

NO. 36

T	I	G	L	Ⓢ	Ⓐ	Ⓛ	H	Ⓣ
Ⓣ	Ⓐ	Ⓢ	G	Ⓛ	H	L	T	I
H	Ⓛ	L	T	Ⓣ	I	Ⓐ	G	Ⓢ
G	L	H	I	Ⓐ	Ⓛ	Ⓢ	Ⓣ	T
I	Ⓢ	Ⓛ	Ⓣ	H	T	G	L	Ⓐ
Ⓐ	Ⓣ	T	Ⓢ	L	G	H	I	Ⓛ
L	H	Ⓐ	Ⓛ	I	Ⓣ	T	Ⓢ	G
Ⓛ	T	I	H	G	Ⓢ	Ⓣ	Ⓐ	L
Ⓢ	G	Ⓣ	Ⓐ	T	L	I	Ⓛ	H

NO. 37

S	V	Ø	D	O	L	G	I	E
D	G	E	V	Ø	I	O	L	S
L	I	O	S	G	E	D	Ø	V
E	L	V	Ø	D	O	I	S	G
I	Ø	D	G	E	S	L	V	O
G	O	S	I	L	V	Ø	E	D
O	D	L	E	S	Ø	V	G	I
V	S	G	L	I	D	E	O	Ø
Ø	E	I	O	V	G	S	D	L

NO. 38

G	V	L	O	Ø	S	I	E	D
D	Ø	I	E	V	L	G	O	S
E	S	O	D	I	G	L	V	Ø
V	O	D	L	G	I	Ø	S	E
Ø	I	G	S	D	E	O	L	V
L	E	S	Ø	O	V	D	G	I
S	D	E	G	L	Ø	V	I	O
O	L	V	I	E	D	S	Ø	G
I	G	Ø	V	S	O	E	D	L

NO. 39

O	S	I	Ø	G	L	D	E	V
E	D	G	S	V	I	O	Ø	L
V	L	Ø	O	E	D	I	G	S
Ø	G	O	V	I	S	L	D	E
D	E	S	G	L	Ø	V	O	I
L	I	V	D	O	E	G	S	Ø
S	V	L	E	D	G	Ø	I	O
I	Ø	D	L	S	O	E	V	G
G	O	E	I	Ø	V	S	L	D

NO. 40

Ø	D	V	L	I	O	S	E	G
L	S	I	Ø	E	G	V	O	D
E	O	G	S	D	V	L	I	Ø
D	Ø	L	E	O	S	I	G	V
V	E	S	I	G	Ø	O	D	L
G	I	O	D	V	L	E	Ø	S
S	L	D	O	Ø	E	G	V	I
I	V	E	G	L	D	Ø	S	O
O	G	Ø	V	S	I	D	L	E

NO. 41

7	5	6	1	2	3	8	4	9
8	3	4	5	7	9	1	6	2
1	9	2	4	8	6	3	5	7
9	6	3	2	5	4	7	8	1
5	1	7	9	3	8	4	2	6
4	2	8	6	1	7	5	9	3
2	7	9	3	4	5	6	1	8
3	4	1	8	6	2	9	7	5
6	8	5	7	9	1	2	3	4

NO. 42

1	3	7	9	8	6	4	2	5
4	6	5	3	2	1	8	9	7
8	9	2	7	4	5	3	1	6
3	2	4	5	7	9	6	8	1
5	8	9	1	6	2	7	4	3
7	1	6	4	3	8	9	5	2
9	7	1	6	5	4	2	3	8
2	5	3	8	9	7	1	6	4
6	4	8	2	1	3	5	7	9

NO. 43

9	5	4	7	8	2	6	3	1
1	7	2	6	3	4	5	8	9
6	3	8	5	9	1	4	2	7
2	9	3	4	7	5	8	1	6
8	4	5	1	6	3	7	9	2
7	6	1	8	2	9	3	5	4
4	1	7	9	5	8	2	6	3
5	2	9	3	4	6	1	7	8
3	8	6	2	1	7	9	4	5

NO. 44

4	8	6	3	5	9	1	2	7
5	2	9	7	6	1	4	3	8
7	3	1	8	2	4	9	6	5
6	4	3	2	9	8	7	5	1
1	5	8	4	7	3	2	9	6
9	7	2	6	1	5	3	8	4
3	1	7	5	8	2	6	4	9
8	6	4	9	3	7	5	1	2
2	9	5	1	4	6	8	7	3

NO. 45

이	랑	라	시	나	은	하	사	님
님	나	시	랑	사	하	라	이	은
하	사	은	라	이	님	나	시	랑
나	라	이	하	랑	사	은	님	시
랑	은	하	님	시	나	사	라	이
사	시	님	은	라	이	랑	하	나
라	님	랑	나	하	시	이	은	사
은	하	사	이	님	랑	시	나	라
시	이	나	사	은	라	님	랑	하

NO. 46

시	이	나	랑	은	하	님	사	라
사	님	은	시	이	라	랑	나	하
하	라	랑	사	님	나	이	은	시
은	하	시	님	라	이	사	랑	나
님	사	이	나	하	랑	라	시	은
나	랑	라	은	사	시	하	님	이
라	시	사	이	랑	은	나	하	님
랑	은	하	라	나	님	시	이	사
이	나	님	하	시	사	은	라	랑

NO. 47

은	라	나	님	시	랑	이	사	하
사	님	시	은	하	이	랑	나	라
하	이	랑	사	나	라	시	님	은
나	은	님	시	이	하	사	라	랑
시	랑	하	라	사	님	나	은	이
라	사	이	나	랑	은	님	하	시
이	시	은	하	님	사	라	랑	나
님	나	라	랑	은	시	하	이	사
랑	하	사	이	라	나	은	시	님

NO. 48

님	나	하	이	사	라	시	은	랑
이	은	시	하	랑	님	나	사	라
랑	라	사	나	시	은	님	하	이
사	랑	님	은	나	하	이	라	시
시	이	나	사	라	랑	은	님	하
은	하	라	시	님	이	사	랑	나
하	시	이	라	은	사	랑	나	님
나	사	랑	님	하	시	라	이	은
라	님	은	랑	이	나	하	시	사

NO. 49

수	!	나	주	은	의	예	님	구
예	구	은	!	님	나	수	주	의
의	주	님	구	수	예	나	은	!
!	나	의	예	구	님	은	수	주
주	은	예	의	!	수	구	나	님
구	님	수	나	주	은	!	의	예
님	수	!	은	의	구	주	예	나
나	의	주	수	예	!	님	구	은
은	예	구	님	나	주	의	!	수

NO. 50

구	은	나	!	주	수	예	의	님
예	수	!	님	의	은	주	나	구
주	의	님	구	나	예	은	!	수
은	!	구	수	님	주	의	예	나
님	주	수	나	예	의	!	구	은
의	나	예	은	구	!	수	님	주
!	구	주	예	은	나	님	수	의
나	예	의	주	수	님	구	은	!
수	님	은	의	!	구	나	주	예

NO. 51

나	구	수	님	의	은	예	!	주
은	예	!	주	나	구	수	의	님
님	의	주	수	예	!	은	나	구
수	!	은	예	님	나	주	구	의
구	나	님	의	은	주	!	수	예
의	주	예	!	구	수	님	은	나
주	은	의	구	!	님	나	예	수
!	수	구	나	주	예	의	님	은
예	님	나	은	수	의	구	주	!

NO. 52

나	은	구	주	의	수	님	!	예
주	님	!	구	예	은	나	의	수
예	의	수	나	!	님	은	주	구
님	수	은	예	나	!	주	구	의
구	나	예	의	님	주	수	은	!
!	주	의	은	수	구	예	님	나
의	구	님	수	은	예	!	나	주
수	!	나	님	주	의	구	예	은
은	예	주	!	구	나	의	수	님

NO. 53

지	고	도	!	라	기	쉬	말	하
쉬	!	말	고	하	도	라	지	기
라	하	기	지	쉬	말	!	고	도
기	도	쉬	하	!	고	지	라	말
!	말	라	쉬	기	지	도	하	고
고	지	하	도	말	라	기	쉬	!
하	라	고	기	도	쉬	말	!	지
말	기	지	라	고	!	하	도	쉬
도	쉬	!	말	지	하	고	기	라

NO. 54

쉬	라	말	도	지	하	!	기	고
!	하	도	고	말	기	라	쉬	지
기	고	지	!	쉬	라	도	말	하
고	지	하	기	라	말	쉬	!	도
말	도	쉬	하	!	고	기	지	라
라	기	!	지	도	쉬	고	하	말
도	!	라	쉬	하	지	말	고	기
하	말	기	라	고	!	지	도	쉬
지	쉬	고	말	기	도	하	라	!

NO. 55

하	고	기	말	도	지	!	라	쉬
쉬	말	라	기	!	하	도	지	고
!	도	지	라	고	쉬	하	기	말
라	하	고	도	쉬	말	기	!	지
도	지	말	고	기	!	라	쉬	하
기	!	쉬	하	지	라	고	말	도
고	라	도	지	말	기	쉬	하	!
지	기	!	쉬	하	도	말	고	라
말	쉬	하	!	라	고	지	도	기

NO. 56

말	기	고	하	!	라	쉬	지	도
도	라	!	지	쉬	말	하	고	기
지	쉬	하	고	기	도	!	말	라
쉬	!	말	라	하	고	기	도	지
라	하	도	!	지	기	고	쉬	말
기	고	지	도	말	쉬	라	!	하
!	도	기	쉬	라	지	말	하	고
고	말	쉬	기	도	하	지	라	!
하	지	라	말	고	!	도	기	쉬

NO. 57

사	가	합	다	님	니	랑	내	주
님	니	다	내	랑	주	합	사	가
주	내	랑	사	합	가	니	다	님
가	합	니	랑	다	내	주	님	사
내	랑	님	니	주	사	다	가	합
다	사	주	합	가	님	내	니	랑
니	주	내	가	사	랑	님	합	다
랑	다	사	님	내	합	가	주	니
합	님	가	주	니	다	사	랑	내

NO. 58

합	님	주	가	다	사	니	내	랑
랑	다	내	니	님	주	가	합	사
사	니	가	랑	합	내	님	주	다
가	합	다	주	랑	니	사	님	내
내	사	니	다	가	님	합	랑	주
님	주	랑	내	사	합	다	가	니
다	가	합	사	내	랑	주	니	님
니	내	사	님	주	가	랑	다	합
주	랑	님	합	니	다	내	사	가

NO. 59

합	랑	사	님	가	다	주	내	니
내	다	니	사	랑	주	님	가	합
주	님	가	내	니	합	사	랑	다
가	사	다	주	합	님	랑	니	내
니	내	랑	가	다	사	합	주	님
님	합	주	니	내	랑	다	사	가
사	주	내	합	님	가	니	다	랑
다	가	님	랑	사	니	내	합	주
랑	니	합	다	주	내	가	님	사

NO. 60

가	합	님	니	사	랑	주	내	다
내	다	니	님	합	주	사	가	랑
사	주	랑	가	내	다	님	합	니
주	니	합	내	다	님	랑	사	가
랑	내	가	사	니	합	다	님	주
님	사	다	주	랑	가	합	니	내
합	랑	사	다	가	내	니	주	님
다	님	내	합	주	니	가	랑	사
니	가	주	랑	님	사	내	다	합

NO. 61

기	다	상	뻐	니	야	항	합	해
항	야	합	다	상	해	뻐	니	기
해	뻐	니	항	합	기	상	다	야
야	니	기	상	다	합	해	항	뻐
뻐	합	항	기	해	니	야	상	다
상	해	다	야	항	뻐	합	기	니
합	상	뻐	해	기	다	니	야	항
니	기	해	합	야	항	다	뻐	상
다	항	야	니	뻐	상	기	해	합

NO. 62

야	다	기	상	항	해	합	니	뻐
해	니	항	합	기	뻐	상	야	다
뻐	상	합	니	야	다	해	항	기
기	합	다	항	니	야	뻐	해	상
상	뻐	야	해	다	합	항	기	니
항	해	니	뻐	상	기	야	다	합
합	항	상	다	해	니	기	뻐	야
니	기	해	야	뻐	상	다	합	항
다	야	뻐	기	합	항	니	상	해

NO. 63

니	항	해	합	기	상	다	뻐	야
합	상	뻐	야	니	다	기	항	해
야	다	기	뻐	해	항	상	합	니
해	니	상	다	합	야	항	기	뻐
뻐	합	항	해	상	기	니	야	다
기	야	다	니	항	뻐	합	해	상
상	해	합	기	야	니	뻐	다	항
항	뻐	야	상	다	합	해	니	기
다	기	니	항	뻐	해	야	상	합

NO. 64

기	상	항	뻐	니	야	해	다	합
뻐	니	야	해	합	다	상	기	항
다	합	해	항	기	상	니	야	뻐
합	항	뻐	다	상	해	야	니	기
해	다	기	니	야	뻐	합	항	상
니	야	상	합	항	기	뻐	해	다
상	해	다	야	뻐	항	기	합	니
항	뻐	니	기	해	합	다	상	야
야	기	합	상	다	니	항	뻐	해

NO. 65

예	천	승	활	하	님	수	신	부
님	활	부	예	수	신	승	천	하
신	하	수	부	승	천	활	님	예
하	부	활	님	신	예	천	수	승
승	님	예	수	천	부	신	하	활
천	수	신	승	활	하	예	부	님
부	승	님	천	예	수	하	활	신
수	예	하	신	부	활	님	승	천
활	신	천	하	님	승	부	예	수

NO. 66

활	하	승	천	수	신	부	예	님
천	부	님	활	예	하	수	신	승
신	수	예	부	승	님	하	활	천
부	승	활	님	신	예	천	수	하
님	예	수	하	부	천	신	승	활
하	천	신	수	활	승	예	님	부
수	활	하	예	님	부	승	천	신
예	신	천	승	하	활	님	부	수
승	님	부	신	천	수	활	하	예

NO. 67

신	수	활	부	천	님	예	하	승
하	예	부	활	승	수	님	신	천
천	승	님	예	신	하	부	수	활
부	신	수	하	활	승	천	예	님
예	천	하	님	부	신	활	승	수
님	활	승	천	수	예	하	부	신
승	하	예	수	님	천	신	활	부
활	님	신	승	예	부	수	천	하
수	부	천	신	하	활	승	님	예

NO. 68

수	부	하	승	예	신	천	님	활
예	천	승	님	활	부	신	하	수
신	님	활	수	하	천	승	예	부
승	예	신	천	부	활	님	수	하
천	하	님	예	수	승	활	부	신
부	활	수	하	신	님	예	승	천
활	승	천	부	님	수	하	신	예
님	수	예	신	천	하	부	활	승
하	신	부	활	승	예	수	천	님

NO. 69

고	민	가	구	원	온	예	구	수
예	구	원	수	가	고	구	민	온
구	수	온	민	구	예	원	가	고
가	예	고	원	온	민	수	구	구
원	구	구	가	고	수	온	예	민
민	온	수	구	예	구	고	원	가
수	가	민	온	구	원	구	고	예
온	고	구	예	민	구	가	수	원
구	원	예	고	수	가	민	온	구

NO. 70

구	민	가	수	고	구	원	온	예
온	수	원	민	가	예	고	구	구
고	구	예	구	온	원	가	민	수
민	원	온	가	구	수	예	구	고
예	가	고	구	민	온	구	수	원
수	구	구	예	원	고	온	가	민
원	고	구	온	수	민	구	예	가
구	온	민	고	예	가	수	원	구
가	예	수	원	구	구	민	고	온

NO. 71

예	구	가	수	고	구	온	원	민
온	원	고	예	민	가	구	구	수
구	민	수	원	구	온	가	고	예
가	예	구	온	수	민	고	구	원
원	수	민	구	가	고	예	온	구
고	구	온	구	원	예	민	수	가
민	가	원	고	구	수	구	예	온
구	고	예	민	온	원	수	가	구
수	온	구	가	예	구	원	민	고

NO. 72

구	구	민	예	수	원	고	가	온
가	수	예	온	구	고	원	민	구
고	온	원	민	구	가	수	구	예
원	가	구	고	예	온	민	구	수
민	고	구	구	원	수	예	온	가
온	예	수	구	가	민	구	고	원
예	민	가	수	온	구	구	원	고
구	구	온	원	고	예	가	수	민
수	원	고	가	민	구	온	예	구

NO. 73

Ⓛ	G	Ⓢ	Ⓐ	Ⓣ	I	H	L	T
Ⓐ	L	H	Ⓛ	T	Ⓢ	G	I	Ⓣ
T	Ⓣ	I	H	L	G	Ⓢ	Ⓐ	Ⓛ
Ⓢ	Ⓛ	Ⓣ	G	I	H	L	T	Ⓐ
H	Ⓐ	G	L	Ⓛ	T	Ⓣ	Ⓢ	I
I	T	L	Ⓣ	Ⓢ	Ⓐ	Ⓛ	H	G
Ⓣ	H	Ⓛ	T	Ⓐ	L	I	G	Ⓢ
L	Ⓢ	Ⓐ	I	G	Ⓣ	T	Ⓛ	H
G	I	T	Ⓢ	H	Ⓛ	Ⓐ	Ⓣ	L

NO. 74

Ⓐ	T	G	H	Ⓣ	Ⓛ	L	Ⓢ	I
H	L	I	T	Ⓐ	Ⓢ	Ⓣ	Ⓛ	G
Ⓣ	Ⓛ	Ⓢ	I	G	L	T	H	Ⓐ
Ⓛ	I	T	L	H	Ⓣ	G	Ⓐ	Ⓢ
L	G	H	Ⓐ	Ⓢ	T	Ⓛ	I	Ⓣ
Ⓢ	Ⓣ	Ⓐ	Ⓛ	I	G	H	T	L
I	Ⓐ	Ⓣ	G	T	H	Ⓢ	L	Ⓛ
G	H	Ⓛ	Ⓢ	L	I	Ⓐ	Ⓣ	T
T	Ⓢ	L	Ⓣ	Ⓛ	Ⓐ	I	G	H

NO. 75

Ⓐ	T	H	Ⓢ	I	G	Ⓛ	Ⓣ	L
Ⓣ	Ⓛ	G	Ⓐ	L	T	H	I	Ⓢ
Ⓢ	L	I	Ⓛ	H	Ⓣ	T	G	Ⓐ
H	Ⓢ	L	I	T	Ⓛ	Ⓣ	Ⓐ	G
Ⓛ	Ⓣ	T	G	Ⓐ	Ⓢ	L	H	I
G	I	Ⓐ	H	Ⓣ	L	Ⓢ	T	Ⓛ
L	H	Ⓛ	T	G	I	Ⓐ	Ⓢ	Ⓣ
T	G	Ⓣ	L	Ⓢ	Ⓐ	I	Ⓛ	H
I	Ⓐ	Ⓢ	Ⓣ	Ⓛ	H	G	L	T

NO. 76

L	I	H	Ⓛ	Ⓐ	T	Ⓢ	Ⓣ	G
Ⓛ	G	Ⓢ	H	Ⓣ	L	Ⓐ	T	I
Ⓣ	T	Ⓐ	G	I	Ⓢ	L	Ⓛ	H
H	Ⓐ	G	Ⓢ	T	I	Ⓣ	L	Ⓛ
Ⓢ	Ⓣ	Ⓛ	L	G	Ⓐ	I	H	T
T	L	I	Ⓣ	H	Ⓛ	G	Ⓐ	Ⓢ
G	H	L	T	Ⓢ	Ⓣ	Ⓛ	I	Ⓐ
I	Ⓛ	T	Ⓐ	L	G	H	Ⓢ	Ⓣ
Ⓐ	Ⓢ	Ⓣ	I	Ⓛ	H	T	G	L

NO. 77

V	D	E	Ø	O	L	G	S	I
Ø	S	I	G	V	D	E	L	O
G	L	O	I	E	S	Ø	V	D
L	V	Ø	E	S	I	D	O	G
E	G	D	O	L	V	I	Ø	S
I	O	S	D	G	Ø	V	E	L
S	Ø	V	L	I	G	O	D	E
O	I	L	V	D	E	S	G	Ø
D	E	G	S	Ø	O	L	I	V

NO. 78

G	E	L	O	Ø	S	I	D	V
V	Ø	I	D	E	L	S	O	G
D	S	O	I	G	V	Ø	L	E
O	I	V	Ø	D	G	E	S	L
L	D	S	V	I	E	G	Ø	O
Ø	G	E	L	S	O	D	V	I
S	V	Ø	E	L	I	O	G	D
E	O	G	S	V	D	L	I	Ø
I	L	D	G	O	Ø	V	E	S

NO. 79

D	V	Ø	O	L	E	G	S	I
O	E	S	I	G	V	D	L	Ø
L	G	I	S	D	Ø	O	V	E
E	I	L	D	V	O	S	Ø	G
S	Ø	D	L	E	G	V	I	O
V	O	G	Ø	S	I	L	E	D
I	L	E	V	O	D	Ø	G	S
Ø	D	V	G	I	S	E	O	L
G	S	O	E	Ø	L	I	D	V

NO. 80

S	I	D	G	V	L	O	E	Ø
V	G	Ø	O	E	D	I	S	L
O	E	L	S	I	Ø	D	G	V
L	O	I	D	Ø	G	E	V	S
D	Ø	E	V	L	S	G	I	O
G	S	V	E	O	I	Ø	L	D
Ø	L	G	I	D	V	S	O	E
I	V	O	Ø	S	E	L	D	G
E	D	S	L	G	O	V	Ø	I

NO. 81

2	5	8	3	6	9	1	4	7
1	4	7	2	5	8	9	3	6
9	3	6	1	4	7	2	5	8
8	2	5	7	1	6	3	9	4
7	1	4	9	3	5	6	8	2
6	9	3	8	2	4	5	7	1
4	8	2	6	9	3	7	1	5
3	7	1	5	8	2	4	6	9
5	6	9	4	7	1	8	2	3

NO. 82

8	1	5	2	7	6	3	9	4
6	4	2	1	3	9	8	7	5
3	9	7	8	5	4	6	1	2
1	3	4	5	8	2	9	6	7
7	2	9	3	6	1	4	5	8
5	8	6	9	4	7	2	3	1
2	6	8	7	9	5	1	4	3
9	7	3	4	1	8	5	2	6
4	5	1	6	2	3	7	8	9

NO. 83

8	5	3	7	9	1	4	6	2
7	4	1	6	5	2	8	9	3
6	2	9	4	3	8	5	7	1
3	8	6	9	7	4	2	1	5
1	7	5	2	8	6	9	3	4
4	9	2	3	1	5	6	8	7
5	6	8	1	2	7	3	4	9
2	3	7	8	4	9	1	5	6
9	1	4	5	6	3	7	2	8

NO. 84

5	2	3	1	6	4	8	7	9
6	9	1	7	8	3	5	4	2
4	8	7	9	5	2	1	3	6
3	5	9	2	4	7	6	8	1
2	4	8	5	1	6	3	9	7
1	7	6	8	3	9	2	5	4
8	6	5	4	9	1	7	2	3
7	3	4	6	2	8	9	1	5
9	1	2	3	7	5	4	6	8

NO. 85

시	사	은	이	나	님	랑	라	하
이	님	하	랑	라	은	나	사	시
랑	나	라	사	시	하	은	이	님
님	이	랑	은	사	라	시	하	나
나	은	사	하	이	시	님	랑	라
하	라	시	나	님	랑	사	은	이
사	시	님	라	랑	이	하	나	은
라	하	나	님	은	사	이	시	랑
은	랑	이	시	하	나	라	님	사

NO. 86

시	하	님	나	사	랑	라	은	이
이	사	라	하	은	님	시	랑	나
랑	은	나	시	라	이	하	님	사
나	님	시	라	하	사	은	이	랑
하	라	이	랑	님	은	사	나	시
사	랑	은	이	시	나	님	하	라
은	시	랑	사	이	하	나	라	님
님	이	사	은	나	라	랑	시	하
라	나	하	님	랑	시	이	사	은

NO. 87

하	사	시	이	님	은	라	나	랑
이	은	랑	하	라	나	시	님	사
라	님	나	시	랑	사	은	이	하
나	하	은	님	이	시	사	랑	라
사	라	이	랑	은	하	나	시	님
시	랑	님	나	사	라	이	하	은
님	나	사	은	하	이	랑	라	시
은	시	하	라	나	랑	님	사	이
랑	이	라	사	시	님	하	은	나

NO. 88

이	시	은	라	랑	사	나	하	님
하	나	님	이	은	시	라	랑	사
사	라	랑	하	나	님	이	은	시
님	하	사	시	라	랑	은	나	이
시	이	라	나	하	은	님	사	랑
랑	은	나	사	님	이	시	라	하
나	사	시	랑	이	라	하	님	은
은	랑	하	님	시	나	사	이	라
라	님	이	은	사	하	랑	시	나

NO. 89

!	은	님	나	의	수	구	주	예
의	수	구	은	예	주	나	님	!
나	주	예	!	님	구	은	의	수
은	님	의	구	주	!	예	수	나
구	예	수	의	나	은	님	!	주
주	!	나	예	수	님	의	은	구
님	구	!	주	은	예	수	나	의
예	의	은	수	!	나	주	구	님
수	나	주	님	구	의	!	예	은

NO. 90

님	주	은	구	!	의	나	수	예
수	!	의	주	예	나	구	님	은
나	구	예	은	수	님	주	의	!
예	나	님	의	주	구	!	은	수
!	의	주	나	은	수	예	구	님
은	수	구	!	님	예	의	주	나
주	예	!	님	구	은	수	나	의
의	은	수	예	나	주	님	!	구
구	님	나	수	의	!	은	예	주

NO. 91

은	주	의	수	구	나	!	님	예
님	수	!	주	예	의	나	구	은
예	나	구	은	님	!	의	주	수
구	은	수	나	!	예	주	의	님
의	예	주	님	은	구	수	!	나
나	!	님	의	주	수	은	예	구
주	님	예	!	수	은	구	나	의
!	의	은	구	나	님	예	수	주
수	구	나	예	의	주	님	은	!

NO. 92

나	!	구	의	예	님	은	수	주
수	님	의	!	은	주	나	구	예
예	은	주	구	나	수	의	!	님
의	구	!	나	님	은	주	예	수
님	수	나	주	의	예	!	은	구
주	예	은	수	구	!	님	나	의
!	주	예	님	수	나	구	의	은
구	나	수	은	주	의	예	님	!
은	의	님	예	!	구	수	주	나

NO. 93

말	지	!	하	도	라	고	기	쉬
고	쉬	하	기	말	지	!	도	라
도	기	라	!	쉬	고	말	하	지
기	!	도	고	지	하	쉬	라	말
쉬	하	말	도	라	!	기	지	고
라	고	지	말	기	쉬	도	!	하
지	말	고	라	!	도	하	쉬	기
하	도	쉬	지	고	기	라	말	!
!	라	기	쉬	하	말	지	고	도

NO. 94

도	기	쉬	하	고	라	!	말	지
라	하	말	도	지	!	쉬	고	기
고	!	지	기	쉬	말	라	하	도
!	도	고	라	하	쉬	지	기	말
쉬	라	기	지	말	고	도	!	하
말	지	하	!	기	도	고	쉬	라
하	고	라	쉬	도	기	말	지	!
지	말	도	고	!	하	기	라	쉬
기	쉬	!	말	라	지	하	도	고

NO. 95

도	!	고	지	말	하	쉬	기	라
하	말	쉬	고	기	라	지	도	!
지	라	기	도	쉬	!	하	말	고
!	쉬	도	하	고	지	말	라	기
기	하	지	!	라	말	고	쉬	도
말	고	라	기	도	쉬	!	지	하
라	지	하	말	!	도	기	고	쉬
쉬	기	!	라	지	고	도	하	말
고	도	말	쉬	하	기	라	!	지

NO. 96

기	쉬	!	고	말	도	지	라	하
말	하	지	라	쉬	기	고	도	!
라	고	도	지	!	하	기	말	쉬
하	말	기	!	라	지	쉬	고	도
쉬	지	라	도	고	말	!	하	기
도	!	고	하	기	쉬	라	지	말
고	라	말	쉬	하	!	도	기	지
!	도	하	기	지	라	말	쉬	고
지	기	쉬	말	도	고	하	!	라

NO. 97

내	가	사	합	님	랑	다	니	주
주	랑	다	사	가	니	내	님	합
니	합	님	주	내	다	사	가	랑
다	내	주	님	니	사	랑	합	가
합	니	랑	가	다	주	님	내	사
님	사	가	내	랑	합	니	주	다
사	님	니	다	합	가	주	랑	내
랑	주	합	니	사	내	가	다	님
가	다	내	랑	주	님	합	사	니

NO. 98

사	주	랑	님	니	가	합	다	내
님	내	다	랑	합	주	니	사	가
가	니	합	다	사	내	랑	님	주
주	합	니	내	랑	다	님	가	사
내	랑	사	가	님	합	주	니	다
다	가	님	사	주	니	내	합	랑
니	사	주	합	가	랑	다	내	님
합	다	가	주	내	님	사	랑	니
랑	님	내	니	다	사	가	주	합

NO. 99

사	내	주	합	니	랑	가	다	님
합	랑	가	님	다	내	주	사	니
님	니	다	사	주	가	내	랑	합
니	사	합	다	내	님	랑	주	가
랑	주	님	가	합	사	니	내	다
가	다	내	니	랑	주	님	합	사
내	가	니	주	사	다	합	님	랑
주	합	사	랑	님	니	다	가	내
다	님	랑	내	가	합	사	니	주

NO. 100

가	주	합	사	님	랑	니	다	내
내	랑	사	주	니	다	가	합	님
니	다	님	가	내	합	랑	주	사
합	내	주	니	랑	사	다	님	가
랑	님	다	합	주	가	사	내	니
사	니	가	내	다	님	주	랑	합
님	가	내	랑	사	주	합	니	다
주	합	니	다	가	내	님	사	랑
다	사	랑	님	합	니	내	가	주

NO. 101

항	뼈	합	야	기	해	니	상	다
다	기	야	상	니	뼈	합	항	해
니	상	해	항	다	합	야	뼈	기
뼈	다	니	해	합	야	상	기	항
야	합	상	다	항	기	해	니	뼈
기	해	항	니	뼈	상	다	합	야
해	야	뼈	합	상	항	기	다	니
상	항	다	기	야	니	뼈	해	합
합	니	기	뼈	해	다	항	야	상

NO. 102

다	니	뼈	기	합	상	해	야	항
항	해	기	뼈	야	다	니	합	상
야	상	합	항	해	니	기	뼈	다
기	항	상	합	뼈	해	야	다	니
니	뼈	야	상	다	기	합	항	해
합	다	해	야	니	항	상	기	뼈
해	합	항	니	기	뼈	다	상	야
뼈	야	다	해	상	합	항	니	기
상	기	니	다	항	야	뼈	해	합

NO. 103

니	야	합	해	상	항	뼈	다	기
상	뼈	해	다	기	합	니	항	야
기	항	다	니	야	뼈	합	상	해
항	다	뼈	야	해	기	상	니	합
야	상	니	합	뼈	다	해	기	항
해	합	기	항	니	상	다	야	뼈
뼈	니	상	기	항	해	야	합	다
다	기	야	뼈	합	니	항	해	상
합	해	항	상	다	야	기	뼈	니

NO. 104

뼈	항	니	다	상	합	기	해	야
기	다	합	야	해	뼈	상	항	니
상	야	해	니	기	항	뼈	다	합
항	뼈	기	상	니	야	다	합	해
합	상	다	항	뼈	해	야	니	기
해	니	야	합	다	기	항	상	뼈
다	해	뼈	기	항	니	합	야	상
야	기	상	해	합	다	니	뼈	항
니	합	항	뼈	야	상	해	기	다

NO. 105

수	활	예	부	신	하	천	승	님
부	신	님	천	수	승	하	예	활
하	천	승	님	예	활	신	수	부
천	하	부	신	님	수	예	활	승
승	님	수	활	하	예	부	신	천
활	예	신	승	천	부	수	님	하
신	승	하	수	활	천	님	부	예
예	수	활	하	부	님	승	천	신
님	부	천	예	승	신	활	하	수

NO. 106

님	수	예	부	신	하	활	승	천
활	천	부	승	님	수	하	예	신
하	신	승	천	활	예	부	님	수
수	승	활	하	예	부	신	천	님
부	하	신	님	천	승	수	활	예
천	예	님	활	수	신	승	하	부
승	활	수	예	부	님	천	신	하
예	부	하	신	승	천	님	수	활
신	님	천	수	하	활	예	부	승

NO. 107

천	승	활	신	부	님	수	예	하
수	부	신	예	하	활	님	승	천
하	예	님	수	천	승	부	활	신
신	활	천	님	수	예	승	하	부
승	하	예	천	활	부	신	님	수
부	님	수	하	승	신	활	천	예
예	신	승	부	님	하	천	수	활
활	수	하	승	신	천	예	부	님
님	천	부	활	예	수	하	신	승

NO. 108

천	하	예	활	신	수	승	부	님
부	수	신	예	승	님	하	활	천
승	님	활	부	천	하	수	신	예
활	승	수	님	예	신	천	하	부
신	천	님	승	하	부	예	수	활
예	부	하	천	수	활	님	승	신
수	신	부	하	님	천	활	예	승
님	활	승	수	부	예	신	천	하
하	예	천	신	활	승	부	님	수

NO. 109

예	수	족	믿	고	가	구	원	온
믿	온	고	족	구	원	예	가	수
구	원	가	온	예	수	고	족	믿
고	예	원	구	족	온	믿	수	가
가	믿	온	수	원	예	족	구	고
족	구	수	가	민	고	원	온	예
원	가	믿	고	온	구	수	예	족
수	족	예	원	가	민	온	고	구
온	고	구	예	수	족	가	믿	원

NO. 110

예	원	구	족	온	수	가	고	믿
수	고	가	구	믿	원	족	온	예
믿	온	족	고	예	가	원	구	수
가	족	믿	온	수	예	구	원	고
온	구	고	원	족	믿	수	예	가
원	수	예	가	구	고	믿	족	온
구	가	원	믿	고	온	예	수	족
고	믿	수	예	원	족	온	가	구
족	예	온	수	가	구	고	믿	원

NO. 111

온	원	가	족	고	예	구	수	믿
고	구	수	가	온	믿	예	원	족
믿	족	예	구	원	수	온	고	가
수	온	원	믿	구	고	족	가	예
구	고	족	예	가	원	수	믿	온
예	가	믿	온	수	족	고	구	원
가	믿	온	고	족	구	원	예	수
족	수	고	원	예	가	믿	온	구
원	예	구	수	믿	온	가	족	고

NO. 112

구	고	믿	족	수	온	원	가	예
가	수	예	원	구	고	믿	족	온
온	원	족	예	가	믿	수	고	구
믿	족	수	온	예	원	고	구	가
예	가	구	믿	고	수	온	원	족
고	온	원	가	족	구	예	수	믿
족	구	온	수	원	예	가	믿	고
수	믿	가	고	온	족	구	예	원
원	예	고	구	믿	가	족	온	수

NO. 113

T	L	I	Ⓐ	H	G	Ⓣ	Ⓢ	Ⓛ
H	Ⓛ	Ⓣ	Ⓢ	I	L	G	T	Ⓐ
Ⓐ	Ⓢ	G	T	Ⓛ	Ⓣ	I	L	H
I	Ⓣ	Ⓛ	G	Ⓐ	Ⓢ	L	H	T
L	Ⓐ	H	I	T	Ⓛ	Ⓢ	Ⓣ	G
Ⓢ	G	T	Ⓣ	L	H	Ⓛ	Ⓐ	I
Ⓛ	T	Ⓐ	L	Ⓣ	I	H	G	Ⓢ
G	H	L	Ⓛ	Ⓢ	Ⓐ	T	I	Ⓣ
Ⓣ	I	Ⓢ	H	G	T	Ⓐ	Ⓛ	L

NO. 114

Ⓢ	Ⓐ	H	Ⓣ	L	G	Ⓛ	I	T
T	I	Ⓣ	Ⓛ	Ⓐ	Ⓢ	L	G	H
Ⓛ	L	G	H	T	I	Ⓐ	Ⓢ	Ⓣ
Ⓐ	Ⓣ	T	I	H	L	G	Ⓛ	Ⓢ
H	Ⓢ	I	G	Ⓛ	Ⓐ	Ⓣ	T	L
G	Ⓛ	L	Ⓢ	Ⓣ	T	H	Ⓐ	I
I	T	Ⓛ	G	Ⓣ	Ⓢ	H	A	Ⓐ
L	H	Ⓐ	T	Ⓢ	Ⓛ	I	Ⓣ	G
Ⓣ	G	Ⓢ	Ⓐ	I	H	T	L	Ⓛ

NO. 115

Ⓐ	L	G	H	Ⓣ	I	Ⓛ	T	Ⓢ
Ⓢ	Ⓣ	I	G	T	Ⓛ	L	H	Ⓐ
T	Ⓛ	H	L	Ⓐ	Ⓢ	Ⓣ	G	I
H	Ⓐ	L	I	G	T	Ⓢ	Ⓛ	Ⓣ
I	Ⓢ	Ⓣ	Ⓛ	H	L	G	Ⓐ	T
G	T	Ⓛ	Ⓐ	Ⓢ	Ⓣ	H	I	L
L	H	Ⓐ	Ⓣ	I	G	T	Ⓢ	Ⓛ
Ⓣ	G	Ⓢ	T	Ⓛ	Ⓐ	I	L	H
Ⓛ	I	T	Ⓢ	L	H	Ⓐ	Ⓣ	G

NO. 116

G	Ⓛ	I	L	H	Ⓣ	T	Ⓐ	Ⓢ
L	Ⓢ	H	I	Ⓐ	T	Ⓣ	Ⓛ	G
Ⓣ	T	Ⓐ	G	Ⓢ	Ⓛ	H	L	I
Ⓛ	H	T	Ⓣ	I	Ⓢ	Ⓐ	G	L
Ⓢ	G	Ⓣ	Ⓛ	L	Ⓐ	I	T	H
Ⓐ	I	L	T	G	H	Ⓢ	Ⓣ	Ⓛ
I	Ⓐ	G	H	Ⓣ	L	Ⓛ	Ⓢ	T
H	Ⓣ	Ⓛ	Ⓢ	T	G	L	I	Ⓐ
T	L	Ⓢ	Ⓐ	Ⓛ	I	G	H	Ⓣ

NO. 117

L	I	G	S	V	D	Ø	O	E
S	Ø	E	L	O	I	G	D	V
D	O	V	Ø	G	E	S	L	I
V	L	I	D	Ø	O	E	S	G
Ø	S	O	V	E	G	L	I	D
E	G	D	I	S	L	O	V	Ø
O	E	L	G	I	V	D	Ø	S
G	V	Ø	O	D	S	I	E	L
I	D	S	E	L	Ø	V	G	O

NO. 118

O	S	V	L	D	G	Ø	E	I
G	Ø	L	O	I	E	V	D	S
E	I	D	S	V	Ø	G	L	O
V	D	I	G	E	S	O	Ø	L
L	G	O	D	Ø	I	S	V	E
S	E	Ø	V	L	O	D	I	G
I	V	S	E	O	D	L	G	Ø
Ø	L	G	I	S	V	E	O	D
D	O	E	Ø	G	L	I	S	V

NO. 119

V	L	S	G	Ø	D	I	E	O
Ø	I	D	E	O	L	S	V	G
E	O	G	V	I	S	D	L	Ø
S	E	O	I	G	V	L	Ø	D
L	Ø	I	D	E	O	V	G	S
D	G	V	L	S	Ø	O	I	E
G	V	Ø	O	D	I	E	S	L
I	D	E	S	L	G	Ø	O	V
O	S	L	Ø	V	E	G	D	I

NO. 120

I	L	E	V	O	G	S	D	Ø
S	O	D	I	L	Ø	V	G	E
Ø	G	V	D	S	E	O	I	L
E	S	Ø	D	O	G	V	I	
V	Ø	I	S	G	L	E	O	D
G	D	O	E	I	V	L	Ø	S
O	I	S	L	V	D	E	G	
L	V	Ø	G	E	I	D	S	O
D	E	G	O	Ø	S	I	L	V

논리력이 좋아지는 스도쿠
PUZZLES

인쇄일	2007년 10월 20일
발행일	2007년 10월 30일
엮은이	장태원
펴낸이	장사경
편집장	강연순
해외마케팅 팀장	장미야
영업부장	한영휴
영업마케팅	김호련
편집디자인	이윤화, 서진희
경영총무	조자숙
펴낸곳	Grace Publisher(은혜출판사)

주소 서울 종로구 숭인2동 178-94
전화 (02) 744-4029 팩스 744-6578
출판등록 제 1-618호(1988. 1. 7)

ⓒ 2007 Grace Publisher, Printed in Korea
ISBN 978-89-7917-813-5   03230

이 출판물은 저작권법에 의해 보호를 받는 저작물이므로 무단 전재와 무단 복제를 할 수 없습니다.